curiosidad por ROBLOX

POR RACHEL GRACK

AMICUS LEARNING

¿Qué te causa

curiosidad?

3

CAPÍTULO TRES

Apuesto a que no sabías...

PÁGINA

18

Curious About está publicado por
Amicus Learning, un sello de Amicus.
P.O. Box 227
Mankato, MN 56002
www.amicuspublishing.us

Editora: Ana Brauer
Diseñadora de la serie: Kathleen Petelinsek
Diseñadora del libro e investigadora fotográfica: Sara Hood

Library of Congress Cataloging-in-Publication Data
Names: Koestler-Grack, Rachel A., 1973– author.
Title: Curiosidad por Roblox / by Rachel Grack.
Other titles: Curious about Roblox. Spanish
Description: Mankato, MN: Amicus Learning, an imprint of Amicus, [2026] | Series: Curiosidad por las marcas favoritas | Includes index. | Audience term: Children | Audience: Ages 6–9 | Audience: Grades 2–3 | Summary: "How do I get started on Roblox? Spark elementary readers' curiosity about the popular video game brand's history, products, and cultural impact with insightful questions and well-researched answers. Translated into North American Spanish. Includes table of contents, glossary, and index"– Provided by publisher.
Identifiers: LCCN 2024052099 (print) | LCCN 2024052100 (ebook) | ISBN 9798892006941 (library binding) | ISBN 9798892007542 (paperback) | ISBN 9798892008143 (ebook)
Subjects: LCSH: Roblox (Video game)—Juvenile literature.
Classification: LCC GV1469.35.R594 K6418 2026 (print) | LCC GV1469.35.R594 (ebook) | DDC 794.8/5—dc23/eng/20250108
LC record available at https://lccn.loc.gov/2024052099
LC ebook record available at https://lccn.loc.gov/2024052100

Créditos fotográficos: Alamy Stock Photo/Mykhailo Polenok, 5, tom viggars, 6–7; Flickr/Pioneer Library System, 3, 18-19; Getty Images/Gabby Jones/Bloomberg, 12, Marijan Murat/picture alliance, 9; Shutterstock/Alex Photo Stock, 20–21, cfg1978, 2, 4, dennizn, 10, Diego Thomazini, cover, 1, 14–15; The Noun Project/Mohamed Salah Hajji, 22; Roblox/unknown, 2, 8, 13, 16, 17

Impreso en India

CAPÍTULO UNO

¿Cuándo se creó Roblox?

En 2006. David Baszucki y Erik Cassel crearon Roblox para que los niños pudieran usar su imaginación para jugar y crear juegos. ¡Roblox es como un patio de juegos en línea! Los jugadores pueden chatear e inventar reglas mientras juegan. Conecta a personas de todo el mundo. Hoy es una de las **marcas** de juegos más importantes.

La marca Roblox incluye juguetes y muñecos.

Los personajes de Roblox se llaman Robloxianos.

¿SABÍAS QUE...?

El nombre Roblox proviene de la combinación de "robot" y "bloques".

¿Roblox es gratuito?

¡Sí! La app se puede descargar en forma gratuita. Los niños menores de 13 años tienen que pedirle ayuda a un adulto. La mayoría de los juegos se pueden usar gratis. Puedes usar una tableta o una computadora; muchos juegan en sus teléfonos. Roblox también es gratis en Xbox.

Puedes jugar Roblox en casi cualquier dispositivo.

¿Cómo empiezo?

Primero, debes construir un **avatar**. Puedes comprar en el Mercado de Roblox. Hay decenas de cuerpos y cabezas de personajes. Escoge tu peinado favorito. Agrega ropa y accesorios. Algunos objetos son gratuitos. Otros cuestan Robux. Puedes construir todo tipo de apariencias.

¿SABÍAS QUE...?

SuperHero es un personaje popular de Roblox. Salva a la gente del peligro. Cuesta 250 Robux en el Mercado.

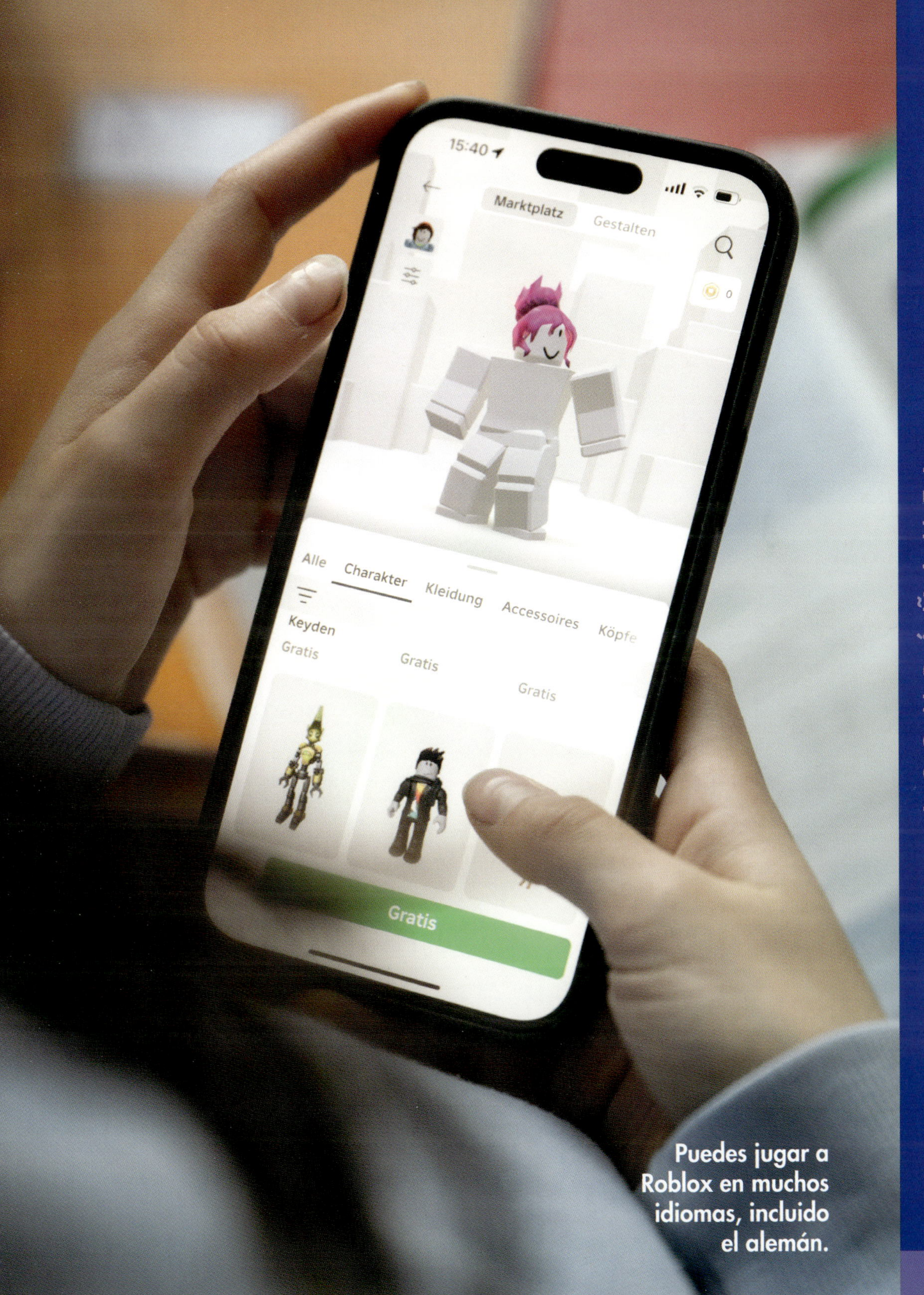

Puedes jugar a Roblox en muchos idiomas, incluido el alemán.

¿Qué son los Robux?

Las tarjetas de regalo de Roblox se venden en muchas tiendas.

Dinero del juego que se usa para comprar. Puedes comprarlo a través de la app. O puedes usar tarjetas de regalo. Las tarjetas de regalo suelen incluir un objeto sorpresa. ¡Puedes obtener una prenda de vestir gratis! También puedes ganar Robux vendiendo objetos, pero para hacer esto tienes que tener una **membresía** pagada.

¿A qué debo jugar?

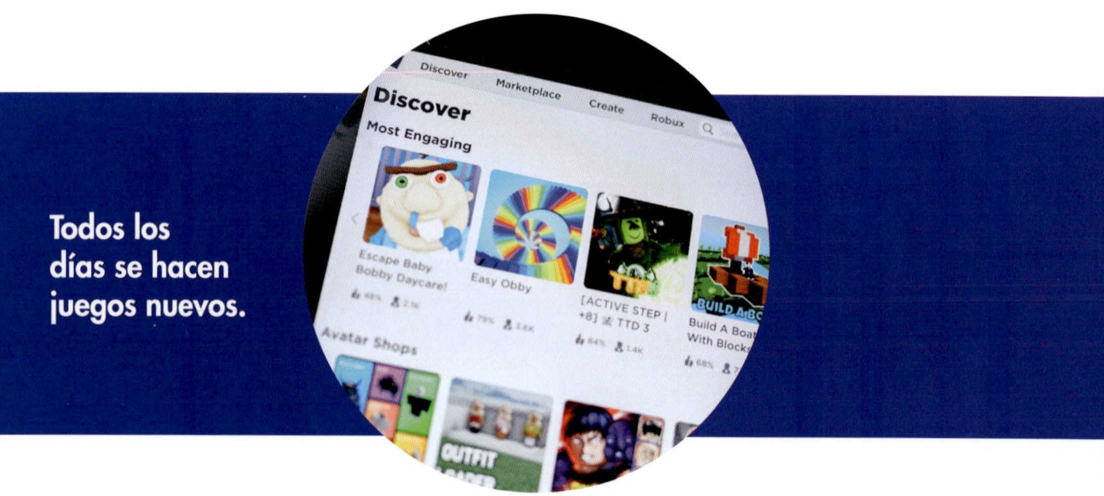

Todos los días se hacen juegos nuevos.

¡Elige tú! Hay más de 40 millones de juegos en la biblioteca. Los juegos de Roblox se llaman "experiencias". Hay muchos tipos. Los juegos de carreras de obstáculos se llaman "obbys". Los **juegos de roles** y de **magnates** también son populares. ¡Encuentra uno que parezca divertido y únete!

ADOPT ME!
ADOPTA Y CRÍA MASCOTAS.

JAILBREAK
JUEGA DE DELINCUENTE O POLICÍA. ¿QUIÉN GANARÁ?

BROOKHAVEN
¡IMITA LA VIDA! TIENES UNA CASA Y UN AUTO, UN TRABAJO Y EXPLORAS LA CIUDAD.

MEGA EASY OBBY
UN JUEGO DE OBBY CON NIVELES DESDE FÁCIL A DIFÍCIL.

ZOMBIE TYCOON
CONSTRUYE UN BÚNKER PARA SOBREVIVIR A ATAQUES ZOMBIES.

¿Roblox es seguro para los niños?

Denuncia y bloquea a alguien si te están hostigando en Roblox.

En general, sí. Pero existe el peligro de las **estafas** y el hostigamiento. Los padres pueden elegir configuraciones para que los niños no corran riesgos. Pueden bloquear los chats del juego o algunos juegos. ¿No estás seguro sobre un juego? Pregúntale a un adulto. No dudes en salir del juego si alguien se está comportando mal.

CALIFICACIONES POR EDAD

TODAS LAS EDADES	MUY POCA VIOLENCIA O SANGRE IRREAL.
9+	VIOLENCIA LEVE O MAYORES CANTIDADES DE SANGRE IRREAL.
13+	MAYORES CANTIDADES DE VIOLENCIA O ALGO DE SANGRE REALISTA.

¿Qué son los juegos de marcas?

Maneja tu propia cafetería en un juego con temática de Hello Kitty.

Experiencias creadas por compañías populares. Explora sonidos y escribe música en Spotify Island. Cambia el aspecto de tu personaje en el juego de Barbie. Anota un par de goles en Nikeland. Construye un parque acuático en Crocs World Tycoon. O prepara un almuerzo con el Fabricante de Burritos de Chipotle.

Juega minijuegos para ganar puntos y comprar artículos en Crocs World Tycoon.

CAPÍTULO TRES

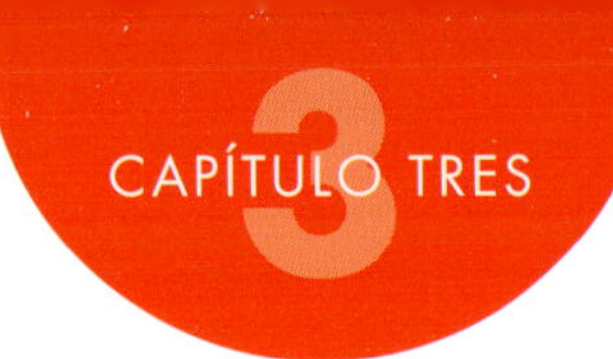

¿Puedo crear un juego de Roblox?

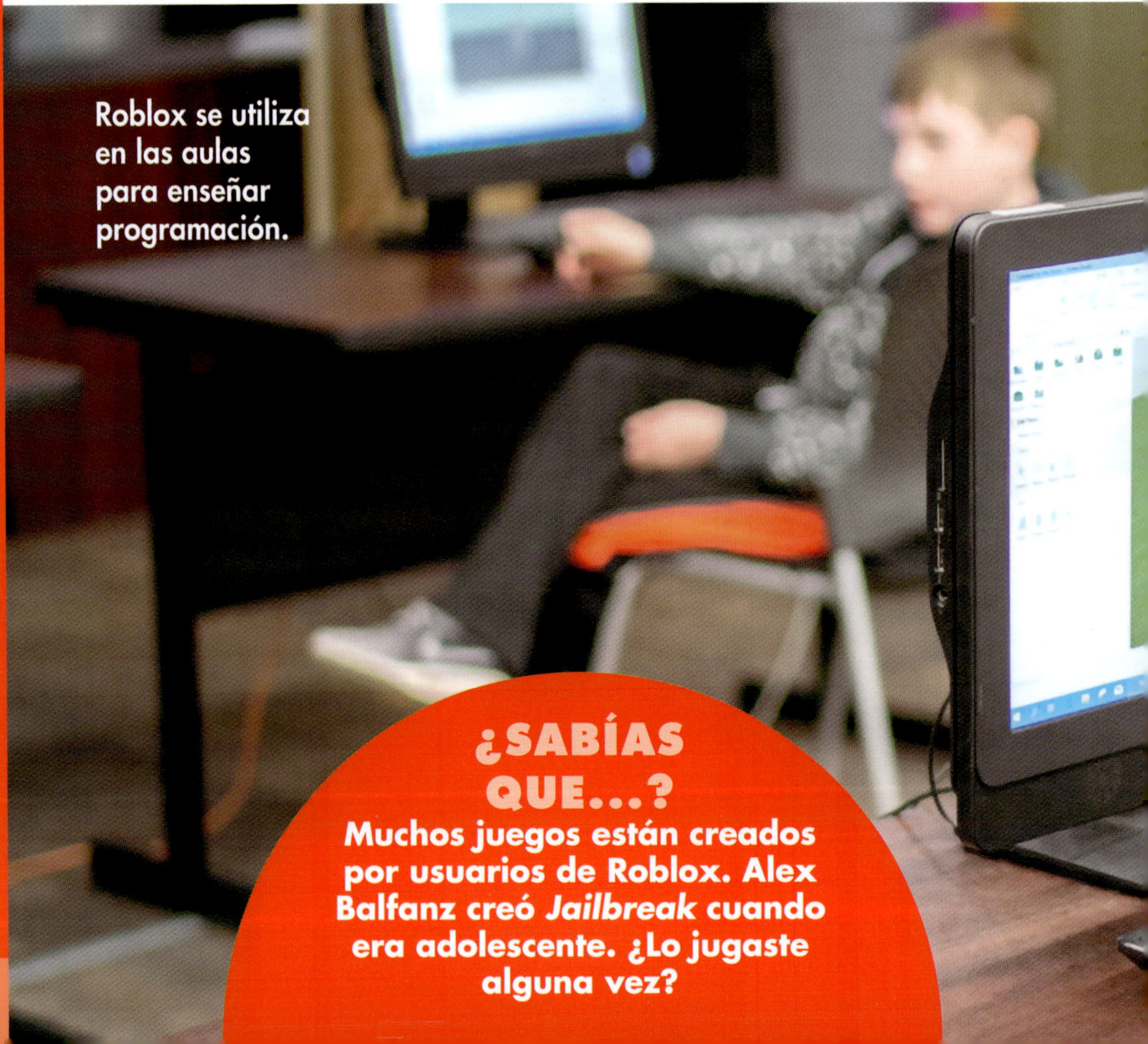

Roblox se utiliza en las aulas para enseñar programación.

¿SABÍAS QUE...?

Muchos juegos están creados por usuarios de Roblox. Alex Balfanz creó *Jailbreak* cuando era adolescente. ¿Lo jugaste alguna vez?

¡Claro! Primero, descarga Roblox Studio. ¡Es gratis! Tiene todas las herramientas que necesitas para construir. Escoge una **plantilla** y comienza a construir tu juego. Tendrás que escribir algún **código informático**. Con la app es fácil aprender. Agrega partes para que el juego sea divertido o terrorífico. ¡Ingresa al metaverso!

¿Qué es el metaverso?

Más de 66 millones de personas juegan a Roblox todos los días.

¿Estás jugando a Roblox? ¡Entonces estás allí! Es un mundo virtual que cualquiera puede explorar. Aprende, juega y chatea con otros. Visita nuevos lugares y gana nuevos amigos. Prueba diferentes trabajos. Domina una habilidad o pon a prueba tus superpoderes. ¡Puedes ser todo lo que te imagines!

HAZ MÁS PREGUNTAS

¿Cuál es el juego de Roblox más difícil?

¿Cómo hacen los usuarios para ganar dinero en Roblox?

Prueba con una PREGUNTA GRANDE: ¿Qué tipo de experiencia crearía?

BUSCA LAS RESPUESTAS

Busca en el catálogo de la biblioteca o en Internet.
Pueden ayudarte tus padres, un bibliotecario o un maestro.

Usar palabras clave
Busca la lupa.

Las palabras clave son las palabras más importantes de tu pregunta.

¿

Si quieres saber sobre

- qué juegos de Roblox son difíciles,escribe: JUEGOS DE ROBLOX MÁS DIFÍCILES
- ganar dinero con Roblox, escribe: GANAR DINERO CON ROBLOX

R

GLOSARIO

avatar Un personaje en un videojuego.

código informático Instrucciones para un programa de computadora.

estafa Una manera ilegal de ganar dinero, generalmente engañando a las personas para que compren cosas que no reciben.

juego de roles Un juego que permite que un personaje realice actividades de la vida real.

magnate Tipo de juego de Roblox donde los personajes construyen, administran o sobreviven.

marca Un grupo de productos que pertenecen a la misma compañía.

membresía Algo que te hace miembro de un grupo especial; a menudo se requiere que pagues un monto.

plantilla Archivos preconfigurados a los que se pueden agregar cosas y cambiarlos como se desee.

ÍNDICE

Acerca de la autora

Rachel Grack es editora y escritora de libros para niños desde 1999. Vive en un pequeño rancho en el sur de Arizona. Como buena amante de las historias, lleva a Disney en su corazón. Disfruta ver cómo sus nietos juegan los juegos de Pokémon en su consola Nintendo 64.